CIENCIA ABIERTA

Las mujeres en la física

Escrito por Mary Wissinger
Ilustrado por Danielle Pioli

Creado y editado por John J. Coveyou

Science, Naturally!
An imprint of Platypus Media, LLC
Washington, D.C.

¿Por qué se caen las cosas?

¡Esa es una pregunta excelente! Las cosas se caen al suelo porque la Tierra las atrae hacia ella. Esa atracción se llama "gravedad".

Émilie du Châtelet también tenía curiosidad sobre la gravedad, pero no era fácil encontrar las respuestas a sus preguntas.

Las personas hablaban sobre grandes ideas en los cafés, pero en esa época, solo a los hombres se les permitía hacerlo. Émilie se vestía usando ropa de hombre para poder unirse a la conversación.

Y era aún más difícil porque el mejor libro sobre cosas como la gravedad—*Principia*, de Isaac Newton—fue escrito en latín.

Pero eso no pudo detener a una mujer valiente como Émilie.

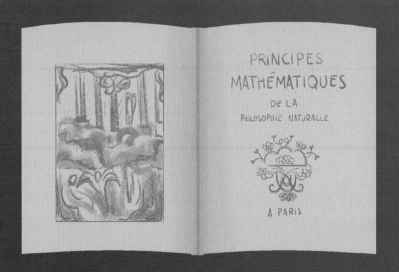

Émilie pasó cuatro años traduciendo el libro completo al francés. Su investigación y sus experimentos le ayudaron a crear ecuaciones y a formar ideas nuevas sobre la gravedad. Ella ayudó a que muchas personas alrededor del mundo se entusiasmaron con la física y su trabajo inspiró a futuros científicos como Albert Einstein.

(Francia, 1706–1749)

9

$$E = \frac{1}{2} mv^2$$

Eso parece importante. Pero ¿qué es la física?

¡Qué bueno que lo preguntas! La física es el estudio de cómo y por qué todo en el universo se mueve y funciona. La física nos ayuda a explicar cómo pueden volar los pájaros o por qué el agua se congela cuando hace frío y se evapora cuando hace calor.

Sobre las burbujas
de aire que escapan
de los fluidos

Laura Bassi
1748

Laura Bassi podría decirte todo lo que necesitas saber sobre eso porque ella fue la primera mujer en el mundo en ser profesora de física. Ella hizo muchos experimentos usando cosas como burbujas, agua y fuego.

Su casa estaba llena de instrumentos científicos, ¡y ella incluso daba clases de física en su casa! Le encantaba estudiar la fuerza—el empuje o atracción de las cosas en el universo.

(Italia, 1711–1778)

13

¿Puedo atrapar la fuerza?

No, no podemos atrapar la fuerza o siquiera verla. La fuerza es invisible.

Pero ¿cómo podemos estudiar algo
que no podemos ver?

Aunque no podamos ver la fuerza, podemos ver y sentir lo que hace la fuerza. Una pelota que está sobre la césped se queda quieto hasta que lo pateas. La fuerza de tu patada envía volando a la pelota hasta que la fuerza de la gravedad lo atrae de regreso a la Tierra.

Los físicos estudian muchas de las cosas que no podemos ver. Ellos empiezan con una pregunta y una respuesta posible—eso se llama una hipótesis. Luego, hacen experimentos y observan los resultados para ver si la hipótesis es correcta.

Átomo radioactivo

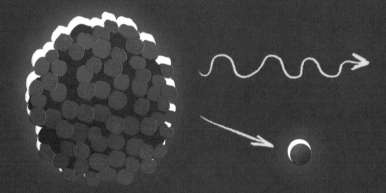

Marie Curie fue famosa por sus experimentos con la radioactividad, un tipo de energía que puede moverse en ondas invisibles.

Marie ganó un Premio Nobel por su trabajo—el primero que fue otorgado a una mujer. Ella siguió experimentando y ganó otro Premio Nobel por descubrir dos elementos radioactivos nuevos: radio y polonio.

(Polonia y Francia, 1867–1934)

19

¿Qué son los elementos?

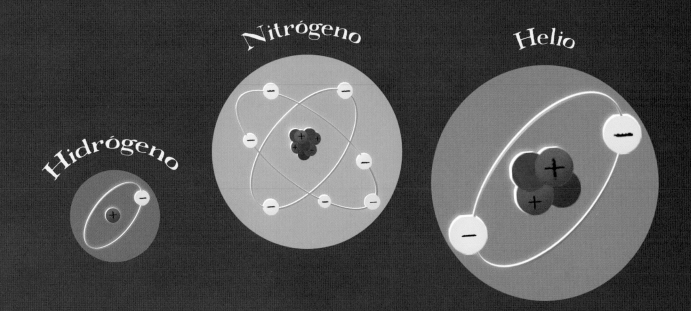

Un "elemento" es el nombre dado a cada tipo de átomo.

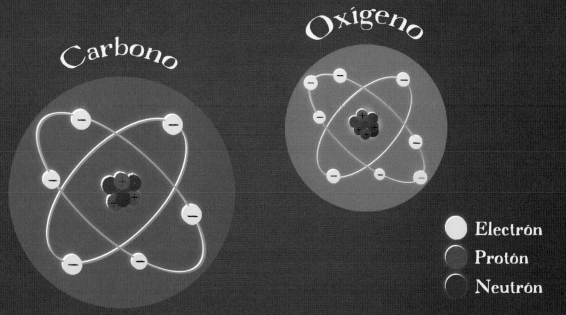

○ Electrón

● Protón

● Neutrón

Puedes pensar en los átomos como bloques de construcción muy pequeños que forman todo en el universo.

Marie y su hija Irene Joliot-Curie dedicaron sus vidas al estudio de los elementos y la radioactividad.

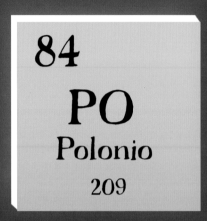

84

PO

Polonio

209

Algunas veces Irene estaba tan concentrada que olvidaba saludar a los otros trabajadores en el laboratorio. Ella pasó años realizando experimentos, especialmente con el elemento polonio, el cual fue descubierto por su mamá.

¡Pero el trabajo duro de Irene dio frutos y ella también ganó un Premio Nobel por sus investigaciones! Marie e Irene fueron la primera pareja de madre e hija en ganar Premios Nobel por sus descubrimientos.

(Polonia y Francia, 1867–1934)
(Francia, 1897–1956)

25

¡Quiero descubrir algo!

¡Puedes hacerlo!

Siempre estamos aprendiendo cosas nuevas sobre cómo funciona el universo, pero es necesario tener paciencia y trabajar muy duro para hacer descubrimientos.

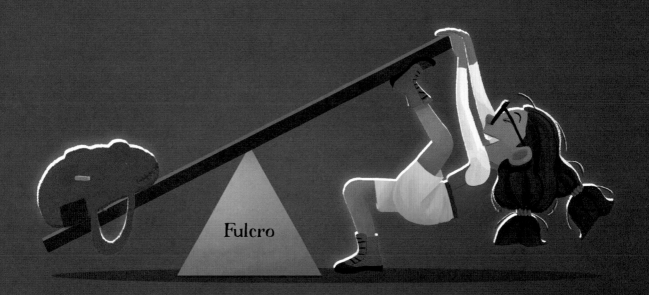

Fulcro

Solo tienes que mirar a Chien-Shiung Wu. Su nombre significa "héroe valiente", pero ella fue más que eso. Sin temor, ella hizo preguntas importantes y realizo experimentos muy complejos para encontrar respuestas.

A Chien-Shiung le encantaba trabajar cuidadosamente y hacer observaciones. Ella ayudó a descubrir algo que sorprendió al mundo.

(China y Estados Unidos, 1912–1997)

¡Genial! ¿Cómo lo hizo?

Bueno, las personas pensaban que sabían exactamente qué era lo que pasaba cuando los átomos se separaban, pero estaban equivocadas. ¡El experimento de Chien-Shiung demostró algo completamente diferente! Sus resultados fueron tan sorprendentes que cambiaron la forma en la que la gente creía la física. ¡Era como si hubiera dejado caer algo hacia arriba y no hacia abajo!

¡Qué increíble!

Pero... sabemos que las cosas se caen
hacia el suelo debido a la gravedad.

Sí, así es.

Pero una científica como tú puede verificarlo haciendo una hipótesis, realizando un experimento y observando los resultados, ¡y así tú también puedes hacer tus propios descubrimientos!

¿Puedes encontrar a...?

Émilie du Châtelet (EM-i-li du SHA-te-lé)

Laura Bassi (LAU-ra BAS-si)

Marie Curie (MA-ri CU-ri)

Irene Joliot-Curie (I-ren YU-liu CU-ri)

Chien-Shiung Wu (Chi-EN SHI-un WU)

Glosario

ÁTOMOS: Los bloques fundamentales que forman nuestro universo. Las distintas combinaciones de protones, neutrones y electrones forman diferentes tipos de átomos.

EINSTEIN, ALBERT: Es uno de los científicos más famosos en la historia. Conocido por su teorías de relatividad (Lo que cambió nuestro entendimiento de la gravedad) y la equivalencia de masa energía ($E=mc^2$). Einstein nació en Alemania en 1879, recibió su educación en Italia y se trasladó a Estados Unidos en 1933.

ELECTRONES: Partículas muy pequeñas con una carga eléctrica negativa. Los electrones viajan al rededor de el núcleo de cada átomo.

ELEMENTO: Un elemento es una sustancia compuesta de un tipo de átomo que usualmente no puede ser separado en otras substancias más simples.

ENERGÍA: La causa de cualquier movimiento o cambio. La mayor fuente de energía en la tierra es el sol. Otras fuentes incluyen: la energía térmica, mecánica, eléctrica. química, gravitacional, sonido, nuclear.

EXPERIMENTO: Es un estudio para recolectar información acerca del mundo para ver si una hipótesis es correcta.

FÍSICA: El estudio de la materia y la energía y cómo interactúan entre ellas. Los físicos observan todo, desde las partículas más pequeñas a la materia más grande en el universo, y usan las matemáticas para desarrollar teorías de porqué y cómo pasan las cosas.

FUERZA: El empuje o atracción hacia algo cuando interactúa con algo más. Una fuerza puede causar que un objeto se mueva más rápido, más despacio, se quede en su lugar o cambie de forma.

FULCRO: El punto pivote que soporta el movimiento de una palanca, como el punto central de un balancín.

GRAVEDAD: Fuerza que atrae a TODOS los objetos entre sí. Esta fuerza se hace más grande conforme los objetos se hacen más grandes, y por eso nuestros cuerpos sienten la fuerza de la gravedad de la tierra, pero no de una cuchara o una manzana.

HIPÓTESIS: Es una suposición hecha por un persona para explicar algo que se piensa cómo verdadero o posible.

INVESTIGACIÓN: Hacer un estudio de algo con el fin de aprender nuevas cosas.

MASA: La masa es una medida de cuánta materia existe en un objeto. La masa es usualmente medida en kilogramos (1 kg = un poco más de 2 libras).

MATERIA: Todo lo que tiene masa y ocupa espacio.

NEUTRONES: Son partículas muy pequeñas con ninguna carga de electricidad. Los neutrones se encuentran en la mayoría de los átomos.

NEWTON, ISAAC: Un físico inglés y matemático acreditado con el desarrollo del cálculo en la física moderna, incluyendo las leyes del movimiento y la teoría de la gravedad. El nació en 1642 y publicó su trajo mas importante *Principia* en 1687.

OBSERVACIÓN: Usar nuestros sentidos para recopilar información sobre el mundo a nuestro alrededor.

PREMIO NOBEL: Es un conjunto de prestigiosos premios internacionales que ocurren anualmente y son reconocidos por la academia, cultura y los avances científicos. Los premios son nombrados por el científico Suizo Alfred Nobel y fueron otorgados por primera vez en 1895.

RADIOACTIVIDAD: Las partículas y la energía que un átomo emite cuando su núcleo se rompe. Se mide en una unidad llamada "curie", abreviada como "Ci".

RAYOS X: Ondas de energía invisibles que pueden atravesar objetos sólidos. Las imágenes de Rayos-X pueden mostrar el interior de un objeto, como el esqueleto humano.

Ciencia abierta: Las mujeres en la física
Copyright © 2021 Genius Games, LLC

Written by Mary Wissinger
Illustrated by Danielle Pioli
Created and edited by John J. Coveyou

Translated by Michelle A. Ramirez
        and The Spanish Group, LLC
Spanish language consultants: Lidia Diaz, Ph.D.
        and Camilla Hallman

Published by Science, Naturally!
Spanish paperback first edition • April 2021 • ISBN: 978-1-938492-35-8
Spanish eBook first edition • April 2021 • ISBN: 978-1-938492-36-5
English hardback first edition • 2016 • ISBN: 978-1-945779-14-5
        Second edition • November 2019
English paperback first edition • April 2021 • ISBN: 978-1-938492-34-1
English eBook first edition • 2016 • ISBN: 978-1-945779-11-4
        Second edition • November 2019

Enjoy all the titles in the series:
        Women in Biology • Las mujeres en la biología
        Women in Chemistry • Las mujeres en la química
        Women in Physics • Las mujeres en la física
                More titles coming soon!

Teacher's Guide available at the Educational Resources page of ScienceNaturally.com.

Published in the United States by:
        Science, Naturally!
                An imprint of Platypus Media, LLC
        725 8th Street, SE, Washington, D.C. 20003
        202-465-4798 • Fax: 202-558-2132
        Info@ScienceNaturally.com • ScienceNaturally.com

Distributed to the trade by:
        National Book Network (North America)
                301-459-3366 • Toll-free: 800-462-6420
                CustomerCare@NBNbooks.com • NBNbooks.com
        NBN international (worldwide)
                NBNi.Cservs@IngramContent.com • Distribution.NBNi.co.uk

Library of Congress Control Number: 2020921200

10 9 8 7 6 5 4 3 2 1

The front cover may be reproduced freely, without modification, for review or non-commercial, educational purposes.

All rights reserved. No part of this publication may be reproduced or transmitted in any form or by any means, electronic or mechanical, including photography, recording, or any information storage and retrieval system, without permission in writing from the publisher. Front cover exempted (see above).

Printed in Canada

"Para las mujeres pioneras en todas partes."
—Mary Wissinger

"Para todas las mentes curiosas, aquellos que siempre están abiertos y listos para expandirse."
—Danielle Pioli

Descargue gratis la Guía para Maestros para obtener lectura adicional, actividades prácticas, y más información.

Encuéntrela en ScienceNaturally.com/Educational-Resources.

¡Descubre la serie Ciencia abierta!

Tapa dura: $14.95 • Tapa blanda: $12.95 • eBook: $11.99

8.25 x 8.25 • 40 páginas • edades 7–10

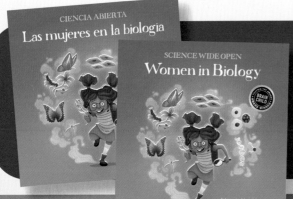

Libro 1
Las mujeres en la biología

tapa blanda ISBN: 978-1-938492-07-5
tapa dura en inglés ISBN: 978-1-945779-09-1
tapa blanda en inglés ISBN: 978-1-938492-30-3

Libro 2
Las mujeres en la química

tapa blanda ISBN: 978-1-938492-32-7
tapa dura en inglés ISBN: 978-1-945779-10-7
tapa blanda en inglés ISBN: 978-1-938492-31-0

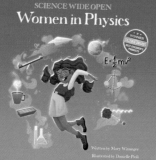

Libro 3
Las mujeres en la física

tapa blanda ISBN: 978-1-938492-35-8
tapa dura en inglés ISBN: 978-1-945779-11-4
tapa blanda en inglés ISBN: 978-1-938492-34-1

ScienceNaturally.com
Info@ScienceNaturally.com

Sparking curiosity
through reading